AF229035

ASSEMBLÉE GÉNÉRALE

DE

L'UNION CATHOLIQUE

DE RENNES

LE 20 AVRIL 1886.

Vivat qui Francos diligit Christus !

RENNES

IMPRIMERIE DE CH. CATEL ET Cie

Rue Leperdit, 2 bis.

1886

ASSEMBLÉE GÉNÉRALE

DE

L'UNION CATHOLIQUE

DE RENNES

LE 20 AVRIL 1886.

Vivat qui Francos diligit Christus!

BIBLIOTHÈQUE R. F.

RENNES

IMPRIMERIE DE CH. CATEL ET Cie

Rue Leperdit, 2 bis.

1886

INDULGENCES

*Accordées par N. S.-P. le Pape Pie IX, le 22 décembre 1875,
à tous les Associés et Associées à l'Union Catholique de
Rennes.*

Une indulgence plénière : 1° le jour de leur admission dans l'OEuvre ;

2° Le jour de la réunion générale annuelle ;

3° Une fois l'an, un jour au choix de chacun ;

4° A l'article de la mort.

Ces indulgences peuvent se gagner aux conditions ordinaires, confession, communion, prières aux intentions du Souverain-Pontife.

Elles sont applicables aux âmes du purgatoire.

ASSEMBLÉE GÉNÉRALE

DE

L'UNION CATHOLIQUE

DE RENNES

Cette réunion a eu lieu cette année le Mardi-Saint, 20 avril,
à trois heures du soir, dans la chapelle des Pères Missionnaires de l'Immaculée-Conception, toujours gracieusement
ouverte aux OEuvres catholiques. Monseigneur l'Archevêque,
retenu par de nombreuses occupations, s'était fait représenter
par M. l'abbé Roux, l'un de ses grands-vicaires, Directeur
spirituel de l'Union Catholique. Il était assisté par M. l'abbé
Noury, chanoine titulaire, aumônier de l'OEuvre.

Le R. P. Augustin, franciscain, prédicateur de la station
quadragésimale à Saint-Aubin en Notre-Dame-de-Bonne-
Nouvelle, avait bien voulu accepter la mission de porter la
parole dans cette réunion de famille. Nous ne pouvons donner que bien imparfaitement un pâle résumé de sa pieuse et
touchante allocution :

« *Quam bonum et quam jucundum fratres habitare in
unum.* Ce texte des Livres Saints s'applique parfaitement aux

membres de l'Union Catholique, qui ne forment qu'un cœur et qu'une âme dans les doux liens de la charité et dans la poursuite d'un seul but, la gloire de Dieu et la sanctification des âmes. Cette union intime et active des apôtres laïques est plus nécessaire que jamais, à notre époque où l'Église est attaquée avec une audace et une puissance inouïes, et semblerait incapable de résister à tous les moyens dont disposent les suppôts de Satan, si nous ne savions que son divin Fondateur lui a promis que les portes de l'enfer ne prévaudront point contre elle. Mais, hélas! combien d'âmes se perdent chaque jour! A la violence de l'attaque il faut opposer l'énergie et l'entente cordiales des défenseurs de la Vérité, sans s'effrayer du petit nombre des soldats de Dieu. Notre-Seigneur Jésus-Christ ne nous a-t-il pas dit : « Ne craignez point, petit troupeau. J'ai vaincu le monde. » Nous sommes ce petit troupeau assuré de la victoire, pourvu toutefois que nous ne nous désunissions point et que nous conservions l'esprit de notre divin Chef, et que nous usions des mêmes armes dont lui-même s'est servi, la Foi, l'Espérance, la Charité, la douceur, la patience, le zèle, la prière, enfin la haine de l'esprit du monde, de ce monde qui n'est qu'amour du plaisir, des honneurs, des biens de la terre, du luxe, de la sensualité, de ce monde pour lequel Notre-Seigneur Jésus-Christ n'a point voulu prier, malgré son infinie charité, car « *il repose tout entier dans le mal.* »

« L'Union Catholique réunit en un bataillon d'élite les membres de ce petit troupeau, qui se dévoue, sous la direction toujours obéie du Vicaire de Jésus-Christ et des évêques, à toutes les Œuvres de défense religieuse et de charité qui conviennent à des laïques. Sans entrer dans le détail complet des différentes OEuvres que vous embrassez, ce qui m'entraînerait trop loin, je ne vous parlerai que des principales. Toutes, du reste, ont un lien et un but communs, faire connaître et aimer Notre-Seigneur Jésus-Christ par le moyen de la charité. A notre malheureuse époque, les ennemis de l'Église et de la société chrétienne emploient tous les moyens pour séparer, par la haine et l'envie, les classes pauvres des classes riches. Nous, chrétiens, nous faisons tout le contraire : nous nous efforçons de réconcilier nos frères malheureux avec ceux à qui Dieu a donné une position sociale plus élevée, en rapprochant ces deux classes par la charité. En vous voyant pénétrer dans sa pauvre mansarde pour venir soulager sa misère et surtout pour apporter à son âme les biens surnaturels, comment le pauvre ouvrier ne serait-il pas touché, et ne passerait-il pas des sentiments de colère et de jalousie, qui l'animent trop souvent contre les riches, à des pensées de soumission à la Providence et d'apaisement social ? La charité, et la charité seule, est capable de résoudre la question sociale, qui menace de précipiter dans la barbarie la civilisation européenne.

« Mais, hélas ! les puissants du monde, saisis d'un aveuglement inconcevable, prennent à tâche de détruire l'Église catholique, et dans leurs projets inspirés par l'enfer, c'est surtout à l'enfance qu'ils s'attaquent. A leurs écoles sans Dieu il est donc nécessaire d'opposer des écoles franchement chrétiennes. Vous l'avez compris et vous faites de grands sacrifices pour soutenir celles qui ont été fondées par la charité catholique. Vous avez grandement raison. Cette OEuvre est d'une importance capitale. Vous avez bien raison aussi de ne pas négliger l'OEuvre de la catéchisation des enfants, et

a

de réunir tous ceux que vous pouvez attirer près de vous pour leur apprendre assez de catéchisme pour qu'ils puissent faire leur première communion. Je connais, à Paris, des grandes dames qui consacrent chaque jour plusieurs heures à l'instruction de pauvres enfants qui, sans leur dévouement, ne connaîtraient point Notre-Seigneur Jésus-Christ et ne feraient point leur première communion. »

Le Révérend Père ajoute que l'énumération des autres Œuvres de l'Union Catholique se trouve en détail dans le compte-rendu financier de la Section des Messieurs et celui de la Section des Dames pour l'année 1885, compte-rendu dont il donne lecture.

Voici d'abord celui de M. de Bourgerel, trésorier du Comité des hommes :

MESDAMES ET MESSIEURS,

Cette année, nos dépenses n'ont pas diminué. Mais il n'en a pas été de même des recettes, qui ont été amoindries par suite du décès de quelques-uns de nos souscripteurs, qui malheureusement n'ont pas été remplacés. Le recrutement de nos adhérents devient difficile.

1° Chapitre des Recettes.

Cotisations des fondateurs. . . . . 1.176 fr. » »

— souscripteurs. . . . . 222 » »

— adhérents. 12 80

A reporter. . . . 1.410 fr. 80

Report. . . .	1.410 fr.	80
Versement du Comité des Dames.	500	»»
Moitié de la quête de la réunion générale (l'autre moitié ayant été remise au Comité des dames).	52	60
Quelques dons reçus.	112	55
Arrérages d'une obligation	15	»»
Total des recettes.	2.090 fr.	95

2° Chapitre des Dépenses.

1° Dons pour aider les Religieuses enseignantes, pour les aider pour l'éducation des enfants pauvres :

A l'école de la Providence, rue Saint-Malo.	400 fr.	»»
— du Vieux-Cours.	100	»»
— du Contour de la Motte.	100	»»
— des Dames de la Retraite.	100	»»
— des Sœurs de la Sagesse.	100	»»
— des Sœurs de Saint-Thomas. . . .	30	»»
2° Don au Comité des Écoles des Frères. . . .	200	»»
3° Dépenses du Comité catholique pour l'OEuvre de la bonne presse.	500	»»
4° Don au docteur R. Petit pour la salle de bibliothèque ouverte aux jeunes gens. .	100	»»
5° A la Société de Saint-François-Régis. . . .	100	»»
6° — Saint-François-Xavier. . .	50	»»
7° A l'OEuvre de Jeunesse de Notre-Dame de Toutes-Grâces.	50	»»
A reporter. . . .	1.830 fr.	»»

Report.	1.830 fr.	» »
8° Don pour la restauration de la Croix de Mission.	200	» »
9° Don pour des messes pour le salut de la France.	100	» »
10° Pour celle de la Saint-Pierre, fête patronale de l'Œuvre.	5	» »
11° Don à l'Œuvre de l'Adoration nocturne. .	20	» »
12° Frais et décoration de chapelle.	40	» »
13° Frais divers (recouvrement des cotisations, quittances, impressions, etc.).	56	50
Total des dépenses.	2.254 fr.	50

Ainsi, les dépenses s'étant élevées à la somme de 2,254 fr. 50, et les recettes à celle de 2,090 fr. 95, nous avons dépensé 160 fr. 55 de plus que nous n'avons récolté. Ce déficit a été comblé par un reliquat provenant de l'année précédente, qui s'élevait à 308 fr. 25. De sorte que le 31 décembre 1885 ce reliquat est réduit à la somme de 167 fr. 75, plus une obligation valant environ 300 fr.

Nous comptons sur votre générosité dans la quête qui va être faite et sur votre dévouement pour vous efforcer de nous amener de nouvelles recrues. La mort a frappé plusieurs de nos souscripteurs; venez les remplacer, afin que les secours que nous donnons ne soient pas amoindris. Ce que vous donnerez pour les pauvres n'appauvrira pas votre bourse, mais appellera sur vous et sur vos familles les bénédictions de Dieu.

Compte-rendu du budget de la Section des Dames,
année 1885.

1° Recettes.

1° Cotisations des membres de l'Œuvre. . . .	706 fr. 50
2° Don de Mme la vicomtesse de Janzé.	100 »»
Total.	806 fr. 50
3° Reliquat de 1884.	220 35
Recette totale.	1.026 fr. 85

2° Dépenses.

1° Versé à la Section des Messieurs..	500 fr. »»
2° — pour les Écoles catholiques.	100 »»
3° — à l'Ouvroir de Saint-Vincent-de-Paul.	100 »»
4° — à l'Œuvre de Sainte-Anne.	200 »»
Total.	900 fr. »»

Reliquat pour 1886 : 126 fr. 85.

Ces deux pièces font connaître sommairement les œuvres qu'embrasse le Comité Catholique. Cependant elles ne mentionnent pas celle que nous regardons comme une des plus importantes, l'Œuvre des Pèlerinages, laquelle, se suffisant à elle-même, ne figure pas par conséquent dans le compte-rendu financier.

En 1885, comme les années précédentes, nous avons conduit

à Lourdes deux pèlerinages bretons dont le souvenir est profondément gravé dans le cœur de tous ceux qui ont eu le bonheur d'y participer.

Chaque année nous organisons un très nombreux pèlerinage diocésain à Sainte-Anne-d'Auray, la glorieuse et populaire patronne des Bretons, en nous entendant avec les Comités Catholiques de toute la Bretagne. En 1884, une foule de pèlerins, qu'on ne peut évaluer à moins de soixante mille, se pressait aux pieds de la Mère de la Très Sainte Vierge. Malheureusement, l'année dernière, le Comité ne put obtenir des Compagnies de chemins de fer les trains de pèlerinage qu'il demandait comme d'habitude, et notre diocèse fut dans l'impossibilité de prendre part à cette grande et belle manifestation de foi. Nous le regrettâmes d'autant plus vivement qu'elle fut présidée par Monseigneur l'Archevêque de Rennes, que nous aurions été si heureux d'entourer en grand nombre. Cette année, notre pèlerinage est fixé au dimanche 25 juillet.

Mentionnons aussi le pèlerinage breton annuel de la Salette, Paray, Ars, et autres sanctuaires, qui est organisé par le Comité Catholique de Vitré, Comité fondé par celui de Rennes et toujours en rapports très étroits avec nous.

Enfin, rappelons que nous avons pu continuer de grouper une nombreuse escorte d'honneur d'environ un millier de chrétiens fervents aux deux processions de la Fête-Dieu, à celles de l'Assomption et du Vœu de Notre-Dame-de-Bonne-Nouvelle.

Nous remercions Dieu du bien que nos souscripteurs nous ont permis de faire, et nous le prions de le développer de plus en plus en proportion de l'acharnement chaque jour croissant des ennemis de N. S. J.-C. et de notre Sainte Mère l'Église.

La réunion s'est terminée par un Salut solennel donné par M. le grand-vicaire Directeur spirituel de l'Œuvre, Salut pendant lequel des amateurs, amis de l'Union Catholique, ont fait entendre des morceaux de musique sacrée exécutés avec talent et piété.

RENNES. — IMP. DE CH. CATEL.

www.ingramcontent.com/pod-product-compliance
Lightning Source LLC
Chambersburg PA
CBHW061229050726
47594CB00009B/3861